Shiraz

for Piano

HENDON MUSIC

Distributed By

7777 W. Bluemound Rd. P.O. Box 13819 Milwaukee, WI 53213

www.boosey.com
www.halleonard.com

Published by Hendon Music, Inc.,
a Boosey & Hawkes company
229 West 28th Street
New York NY 10001

www.boosey.com

First printed 2008

Claude VIVIER

Lorsque Claude Vivier mourut peu avant son 35ème anniversaire de naissance, le monde musical pleura la «disparition d'un compositeur québécois de génie» (*Le Devoir* Montréal). Claude Vivier laissait une quarantaine d'œuvres marquées d'un style parmi les plus personnels et les plus expressifs dans l'histoire de la musique canadienne. «C'était peut-être le compositeur le plus doué de sa génération», déclara Serge Garant, directeur artistique de la Société de musique contemporaine du Québec.

Né à Montréal le 14 avril 1948, Claude Vivier étudie la composition avec Gilles Tremblay au Conservatoire de Montréal (1967-70). Dès 1969, *Prolifération* le fait remarquer. De 1971 à 1974, il reçoit plusieurs bourses du Conseil des Arts du Canada pour étudier la composition et l'électro-acoustique avec Gottfried Michael Koenig à l'Institut de Sonologie d'Utrecht, la composition avec Karlheinz Stockhausen et l'électro-acoustique avec Hans Ulrich Humpert à Cologne. Ce premier séjour en Europe donne naissance à trois œuvres : *Musik für das Ende* (1971) pour 20 voix, où se manifestent déjà son intérêt pour la musique vocale et son obsession de la mort, *Deva et Asura* (1971-72) et *Désintégration* (1972), créée en France par l'ensemble de Paul Méfano. Cette œuvre marque la fin de ce que le compositeur a appelé sa période «conceptuelle» qui le conduisit à nier toute forme de communication dans sa musique.

Ses deux années d'études auprès de Karlheinz Stockhausen feront éclore sa personnalité musicale caractérisée par une prédilection pour la monodie et pour la voix (seule ou en chœur), l'importance accordée aux textes, qui reflètent ses préoccupations spirituelles ou psychologiques, et une écriture qui se détachera progressivement des courants de la musique contemporaine pour devenir de plus en plus personnelle et dépouillée. *Chants* (1973) pour sept voix de femmes, commande du Ministère de la Culture de France, est le premier témoin de cette évolution.

Lorsque Claude Vivier revient à Montréal en 1974 pour assister à la création de *Lettura di Dante* pour soprano et ensemble de chambre à la Société de musique contemporaine du Québec, le critique du *Devoir*, Gilles Potvin, écrit : «Son traitement de la voix, à laquelle il confie des aigus séraphiques, tout comme sa façon de manier les instruments, démontre un métier certain». Le succès de l'événement lui vaut une commande de la Société de musique contemporaine du Québec. *Liebesgedichte* (1976), pour quatre voix solistes, quatuor de cuivres et quatuor de bois, qui confirme son talent.

D'un esprit ouvert et curieux, Claude Vivier s'intéressa toujours aux musiques d'ailleurs, notamment à la musique orientale et à la musique balinaise en particulier. En 1977, il effectue un séjour en Asie qui cristallisera sa conception de la musique comme devant être intégrée à la vie quotidienne. Dès 1973, il avait exposé ce sentiment dans un article, «L'acte musical» (*Musiques du Kébèk*, Editions du jour). De ce périple, il rapporte *Pulau Dewata* (1977), *Paramirabo* (1977) et *Shiraz* (1977), œuvre pour piano d'une grande virtuosité et d'une expressivité éloquente, créée en 1981 par Louis-Philippe Pelletier. Suivront *Love Songs* (1977) et *Nanti Malam* (1978), commandées et créées par la compagnie de danse d'Ottawa Le Groupe de la Place Royale. L'année 1977 fut extrêmement féconde pour Claude Vivier puisqu'il produisit également *Journal*, commande des Festival Singers de Toronto, œuvre de 50 minutes où il traite de thèmes qui lui sont chers : l'enfance, l'amour, la mort, l'immortalité.

A partir de 1979, Vivier écrit davantage pour de grandes formations : en 1980, l'Orchestre symphonique de Montréal lui commande *Orion*. Puis il réalise un rêve : écrire un opéra. C'est *Kopernikus*, sur un livret du compositeur, créé en 1980 par l'Atelier de jeu scénique de la Faculté de musique de l'Université de Montréal. L'année 1980 voit aussi la création d'une de ses œuvres les plus belles et les plus émouvantes : *Lonely Child* pour soprano et orchestre, commande de l'Orchestre de chambre de Radio-Canada à Vancouver, créée par Marie-Danielle Parent. Le traitement très réussi de la voix dans *Lonely Child* est repris dans *Prologue pour un Marco Polo* (1981), où s'insère un dialogue entre le compositeur et le poète Paul Chamberland. En 1981, il est nommé Compositeur de l'année par le Conseil canadien de la musique.

Entièrement voué à son art, Claude Vivier fut au nombre des rares compositeurs canadiens à vivre uniquement de leur musique. Ses réalisations académiques se limitent à un cours d'improvisation et de langage musical au CEGEP Montmorency à Montréal ; puis, en 1975-76, il dirigea l'ensemble de musique nouvelle de l'Université d'Ottawa. Il reçut plusieurs autres commandes importantes outre celles déjà mentionnées.

En 1982, il écrivit *Wo bist du Licht* (Où es-tu Lumière ?), commande de Radio-Canada pour le Prix Italia 1982, avant d'obtenir une bourse du Conseil des Arts du Canada pour aller composer à Paris un opéra sur la mort de Tchaikovski. *Trois airs pour un opéra imaginaire* furent créés à Paris — deux semaines après sa mort — au Centre Georges Pompidou, par l'ensemble l'Itinéraire dirigé par Paul Méfano.

Il venait de terminer une œuvre prophétiquement intitulée *Crois-tu en l'immortalité de l'âme* lorsqu'il fut assassiné à Paris, le 7 mars 1983. Un concert commémoratif, incluant sept de ses œuvres, était présenté le 2 juin 1983, à la Salle Claude Champagne de Montréal. Les œuvres exécutées permettaient de suivre l'évolution du compositeur puisque les dates de composition s'échelonnaient de 1969 à 1980 : *Pianoforte* (1975), *shiraz* (1977), *Pour flûte et piano* (1975), *Prolifération* (1969, rév. 1975), *Pulau Dawata* (1977), *Love Songs* (1977) et *Lonely Child* (1980), cette dernière chantée par Yolande Parent avec l'Orchestre Métropolitain sous la direction de Serge Garant. L'événement a été retransmis par la radio MF de Radio-Canada le 12 juin 1983, dans le cadre de l'émission *Musique de notre siècle*, et au réseau stéréo anglais de Radio-Canada au cours de l'émission *Two New Hours*, le 17 juillet de la même année.

— *Véronique Robert*

Claude VIVIER

When Claude Vivier died shortly before his 35th birthday, the musical world mourned the death of a Quebec composer of genius (Le Devoir, Montreal). Claude Vivier had written about forty works in a most personal and expressive style, which were to leave their mark on the history of Canadian music. «He was possibly the most gifted composer of his generation» said composer Serge Garant, the artistic director of the Quebec Society of Contemporay Music.

He was born in Montreal, on April 14, 1948. He studied composition with Gilles Tremblay at the Montreal conservatory (1967-1970). Prolifération brought him to public notice in 1969. From 1971 to 1974, he was given several grants by the Canadian Council of Arts to study composition and electro-acoustics with Gottfried Michael Koenig at the Utrecht Institute of Sonology, composition with Karlheinz Stockhausen and electro-acoustics with Hans Ulrich Humpert in Cologne. This first stay in Europe saw the composition of three works: Musik für das Ende (1971) for 20 voices, which already evinced his taste for vocal music and his obsession with death, Deva and Asura (1971-1972), and Désintégration (1972) which was first performed in France by Paul Méfano's ensemble. This work marked the end of what the musician called his «conceptual» period, which led him to deny any form of communication in his music.

His two years of study with Karlheinz Stockhausen revealed his musical personality, characterized by a predilection for monody and voice (solo and chorus), by the importance given to the text - a reflection of both his psychological and spiritual preoccupations, and by a style which gradually came to stand out from the contemporary musical movement to become more and more bare and personal. Chants (1973), composed for seven female voices, a work commissioned by the French Ministry of Culture, testifies to this evolution.

When Claude Vivier came back to Montreal in 1974 to attend the premiere of Lettura di Dante for soprano and chamber ensemble at the Society of Quebec Contemporary Music, Gilles Potvin, a critic of Le Devoir, wrote: «His treatment of voice, which it decks with seraphic high notes, together with his way of handling instruments, indicate great mastery». The success of this performance earned him a commission from the Society of Quebec Contemporary Music, Liebesgedichte (1976), for four soloists, brass quartet and woodwind quartet, which confirmed his talent.

Open-minded, Claude Vivier always took a keen interest in foreign music, notably in oriental music (music from Bali in particular). In 1977 a journey in Asia crystallized his conception of music as an element indissociable from daily life. As early as 1973, he had expounded this idea in an article «L'acte musical» (Musiques du Kébèk, Editions du Jour). His travels inspired him to write Pulau Dewata (1977), Paramirabo (1977), and Shiraz (1977), a work for piano which displays great virtuosity and expressiveness, premiered in 1981 by Louis-Philippe Pelletier. He also wrote Love Songs (1977) and Nanti Malam (1978), commissioned and performed by the Groupe de la Place Royale, an Ottawa Dance Company. The year 1977 was extremely productive for Claude Vivier for he also produced Journal, a work commissioned by the Festival Singers of Toronto. This work lasts 50 minutes and deals with things of close concern to him: childhood, love, death, immortality.

From 1979 Vivier wrote more for large music groups. In 1980, the Montreal Symphony Orchestra commissioned Orion. After this he realised a dream: he wrote an opera, Copernicus, to a libretto by himself, which was first performed in 1980 by the Drama Workshop of the Music Faculty of Montreal University. The year 1980 was also that of the premiere of Lonely Child, one of his most beautiful and touching works, for soprano and orchestra, commissioned by the Radio Canada Chamber Orchestra of Vancouver and sung by Marie-Danielle Parent. The very successful vocal style in Lonely Child was taken up in Prologue pour un Marco Polo (1981) which comprises a dialogue between the composer and the poet Paul Chamberland. In 1981 he was appointed Composer Of The Year by the Canadian Music Council.

Totally devoted to his art, Claude Vivier was one of the few Canadian composers to live only by his music. His academic achievement was limited to classes on improvisation and musical language at the CEGEP Montmorency in Montreal. Then in 1975-76 he directed the new music ensemble at Ottawa University. He received several other important commissions in addition to those already mentionned.

In 1982 he wrote Wo bist du, Licht? a commission from Radio Canada for the 1982 Italia Prize, before receiving a grant from the Canadian Council of Arts to go to Paris to compose an opera on Tchaikowsky's death. Trois airs pour un opéra imaginaire was premiered two weeks after his death at the Centre Georges Pompidou in Paris by the ensemble Itinéraire conducted by Paul Méfano.

He had just finished a work prophetically called Crois-tu en l'immortalité de l'âme ? when he was murdered in Paris, on March 7th 1983. A commemorative concert including seven of his works was presented on June 2nd 1983 at the Salle Claude Champagne in Montreal. The works performed helped to trace the composer's evolution, since the composition dates spread over eleven years (1969-1980): Pianoforte (1975), Shiraz (1977), Pour flûte et piano (1975), Prolifération (1969 rev. 1975), Pulau Dewata (1977), Love Songs (1977) and Lonely Child (1980), the latter sung by Yolande Parent with the Metropolitan Orchestra under Serge Garant's direction. The performance was broadcast by Radio Canada's MF Radio on June 12, 1983, during the broadcast Musique de notre siècle and by Radio Canada's English stereo network in the broadcast Two New Hours, on July 17 in the same year.

— Véronique Robert

SHIRAZ

pour piano

Claude VIVIER

Les altérations ne sont valables que pour les notes devant lesquelles elles sont placées.

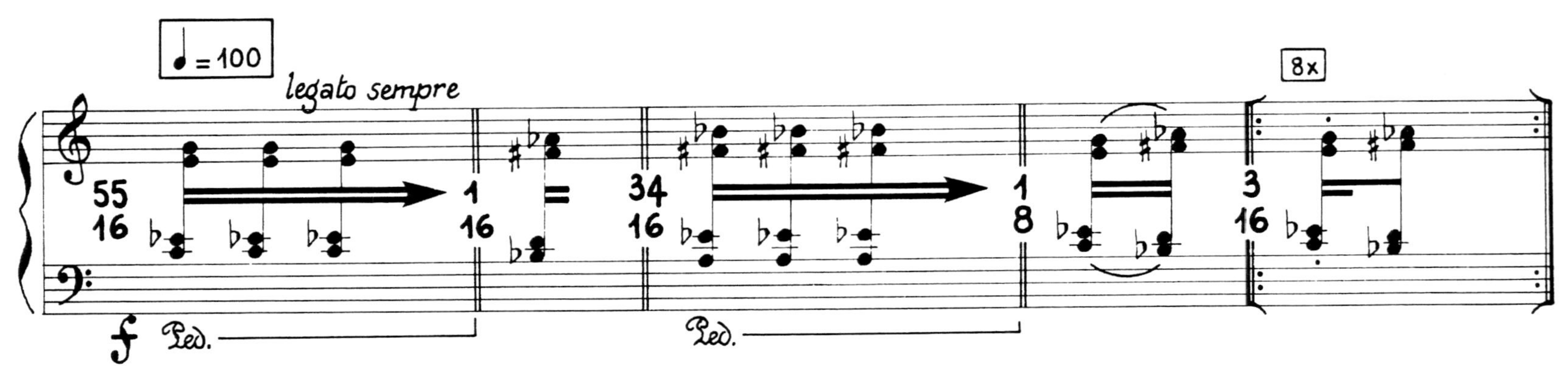

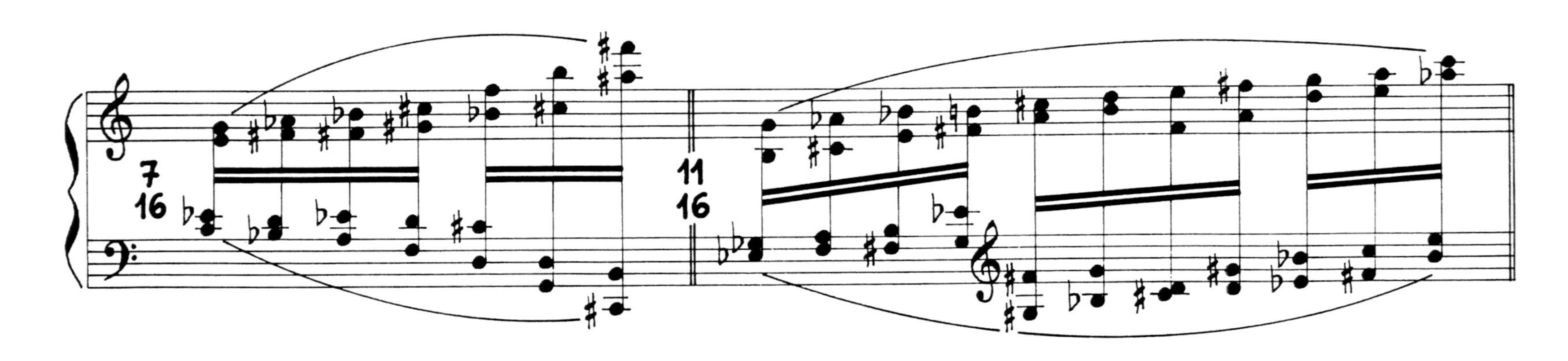

8
11
16
2
4
Ped.
7x
5
16
4
4
5x
3
16
2x
9
16
1
4
2x
11
16
3x
2
16

3x
4x
2x
3
16
9
16
10
16
11
16
12
16
13
16
15
16
8
15

7x
4x
5x
3x

p
ff

15
8
3
4
7
16
5
16
3
16
2
16
7
4
2
16
4
4
p
2
4
3
8
7
8
ff
9
16
6
16
5
16

15
8
p
5
16
3
4
2
8
4

7x
15
8
15
8

♩ = 72
pp
l.v.
Ped.
Ped.
ppp
8
f
f
p sub.
8
15
ff
pp sub.

8
5
7
10
pp sub.
ff
pp
f
pp sub.
f
f
pp
f
f
f
mf
pp
pp
pp
p
pp
Ped.
Ped.

p
ff
f
p
mf
f
p
mf
p
ff
p
pp
Ped.
Ped.
Ped.
Ped.
Ped.
Ped.
Ped.
8
f
p
f
p sub.
p
8
pp
7x
liaison la 1ere fois
p
ppp
f
ff sub.
pp sub.
mf
f
p sub.

p sub.
p sub.
p sub.
p sub.
9
ff
p sub.
3
3
mf

p
f
p
f

arraché
pp
ff
f
p sub.
p sub
Accel.
♪= 180

accel.
pp sub.
ff
f
ff
pp
fff
mp

mp
ff
mp
pp
mp
ff
mp
pp
ff
mf
pp

15
8
ff
pp
mf
♩= 72
p
mf
f
ff
lunga
Ped.
♩= 100
ff sempre

Montréal le 25 Août 1977